MW01537548

Made in the USA
Las Vegas, NV
12 October 2023

78984295R00065